ANTOINE LEMAISTRE

ET

SON NOUVEL HISTORIEN

Tiré à 200 exemplaires.

ALENÇON. — Imprimerie de POULET-MALASSIS ET DE BROISE.

ANTOINE LEMAISTRE

ET

SON NOUVEL HISTORIEN

PAR

RAPETTI

DOCTEUR EN DROIT

ANCIEN PROFESSEUR SUPPLÉANT AU COLLÉGE DE FRANCE

PARIS

POULET-MALASSIS ET DE BROISE

LIBRAIRES-ÉDITEURS

Rue de Buci, 4.

1857

ANTOINE LEMAISTRE

ET

SON NOUVEL HISTORIEN

—

M. Sainte-Beuve a eu occasion de s'occuper d'Antoine Lemaistre dans sa belle histoire de Port-Royal. Il a grandement admiré le solitaire ; mais l'avocat lui a paru digne d'une médiocre estime. Avant M. Sainte-Beuve, Racine, plus sévère encore, dans une de ses lettres, avait même parlé du mérite des plaidoyers d'Antoine Lemaistre, de manière à ne pas laisser intacte la bonne renommée du célèbre pénitent. M. de Vallée qui s'est proposé d'étudier Antoine Lemaistre au barreau (1), ne s'est pas arrêté à ces deux jugements ; il a fait plus, il a pris à partie Racine et M. Sainte-Beuve. C'est encore ce dernier qui est le moins maltraité dans ces représailles d'un auteur enthousiaste pour le héros de son livre. Blâmerons-nous quelques traits d'une agression insolite? Il faut beaucoup accorder à ce sentiment de l'admiration, si précieux en soi, toujours aimable même dans ses excès. N'est-ce pas d'un sentiment analogue à celui de l'admiration qu'un Père de l'Église, Saint-Augustin a dit cette parole sous laquelle nous abriterons les témérités critiques de M. de Vallée : Tout est permis à l'amour; « *ama et fac quod vis?* »

(1) ANTOINE LEMAISTRE, *Etude sur l'éloquence judiciaire au* XVIIe *siècle*, par M. Oscar de Vallée, avocat-général à la Cour Impériale de Paris, un volume grand in-8°, Paris, 1856, chez Garnier frères.

I

Au reste, les plaidoyers d'Antoine Lemaistre offrent des beautés fort remarquables même pour des yeux non prévenus. On peut nier le mérite d'un écrivain; mais on ne peut pas se méprendre sur le mérite d'un orateur. L'éloquence, quand elle existe, s'affirme par un fait incontestable. Or, Antoine Lemaistre a eu cette gloire immédiate, éclatante qui s'attache aux triomphes de la parole. Admettons qu'il n'y ait qu'un prestige en ce don merveilleux de l'éloquence : ce prestige a bien été l'attribut de l'homme qui, pendant plus de huit années, a fait accourir tout Paris aux audiences de la Grand'Chambre. « Il était décidément, dit

M. Sainte-Beuve, le plus célèbre avocat dont on eût mémoire, surpassant les souvenirs qu'avait laissés son grand-père Arnauld et son bisaïeul Marion. Les jours qu'il plaidait, les prédicateurs, par prudence et de peur de prêcher dans le désert, s'arrangeaient pour ne point monter en chaire et allaient l'entendre. La Grand'Chambre était trop étroite pour contenir tous ces auditeurs (1). »

L'auteur des *Mémoires de Port-Royal* est moins malicieux et non moins explicite ; il dit d'Antoine Lemaître : « Il était l'honneur et la langue du Parlement ; quand il venait à parler, il se faisait un concours prodigieux, et les prédicateurs demandaient la permission de ne point prêcher ces jours-là, afin de pouvoir assister aux plaidoyers de M. Lemaître. »

M. de Vallée, qui admire l'éloquence et qui en parle avec le sentiment d'une reconnaissance personnelle, dit quelque part dans

(1) SAINTE-BEUVE, *Port-Royal*, livre II, chapitre II, page 384.

son ouvrage, « qu'il y a en elle un mélange de poésie, de fécondité, de commandement et d'ivresse (1). » Nous retenons les mots de *fécondité* et de *commandement*, qui nous semblent heureux, profonds et vrais ; s'emparer des esprits d'une assemblée, les susciter (*sursum corda*), les mettre entre eux en communication, faire de cette émotion commune une initiation à la vie morale plus haute et plus ferme qui est dans l'âme de l'orateur : l'éloquence est là tout entière. Il faut ainsi se la représenter pour comprendre Cicéron comparant les orateurs aux demi-dieux, fondateurs de cités. D'après l'antique théorie, *vetus consilium urbes condentium*, c'est la vertu qui institue les cités, et c'est l'éloquence qui entretient, renouvelle et vivifie entre les citoyens les saintes et mâles résolutions de la vertu. Cicéron s'exprime ainsi : « *Fuit quoddam tempus quum in agris, homines passim, bestiarum more, vagabantur et sibi victu*

(1) Page 418.

fero vitam propagabant... » Il apparut alors un Sage pour ramener les hommes à l'état social et civilisé : « *Ex feris et immanibus mites reddidit et mansuetos.* » Qui a opéré ce prodige ? La sagesse s'aidant de l'éloquence : « *Ac mihi quidem videtur hoc nec tacita, nec inops dicendi sapientia perficere potuisse.* » Cicéron poursuit en ces termes : « Quand les cités furent fondées, c'est encore l'éloquence qui a servi à propager les vertus nécessaires à leur conservation : la bonne foi, la justice, l'obéissance volontaire, le dévouement au salut commun : « *Age vero, urbibus constitutis, ut fidem colere, et justitiam retinere discerent, et aliis parere sua voluntate consuescerent, ac non modo labores excipiendos communis commodi causa, sed etiam vitam amittendam existimarent, qui tandem fieri potuit, nisi homines ea quæ ratione invenissent, eloquentia persuadere potuissent?...* (1) » Quintilien qui a adopté

(1) CICÉRON, *De inventione*, lib. I, cap. I-II.

cet aperçu, consacre même un chapitre de ses *Institutions oratoires* à l'examen de cette question, à savoir si l'éloquence n'est pas une vertu (1). Mais tout en faisant un magnifique éloge de l'art dans lequel il a excellé, Cicéron ne se dissimule pas qu'en d'autres temps l'éloquence est devenue l'instrument des dissensions civiles et des égarements publics. Sur ce point il faut entendre Montaigne traitant *de la vanité des paroles* : « C'est un outil, dit-il (il s'agit de l'éloquence), c'est un outil pour manier et agiter une tourbe et une commune déréglée, et est outil qui ne s'employe qu'aux estats malades, comme la médecine. En ceux où le vulgaire, où les ignorants, où tous ont tout pu, comme celuy d'Athènes, de Rhodes et de Rome, et où les choses ont esté en perpétuelles tempestes, là ont afflué les orateurs... (2) »

Il y aurait peut-être bien à se décider

(1) QUINTILIEN, *De Instit. orat.* lib. II, cap. XX.

(2) MONTAIGNE, *Essais*, livre Ier, chap. XLI, *De la vanité des paroles*.

ici entre ces éloges et ces accusations dont l'éloquence a été tour-à-tour l'objet. Mais c'est là une question que nous laisserons résoudre par ceux qui ont quelque chose à reprendre dans l'apologue d'Ésope sur ce qu'il y a de meilleur et de pire parmi les hommes. Pour nous, il nous semble que l'éloquence est coupable au même chef que la raison humaine. L'instinct des bêtes est plus infaillible que cette raison. Les bêtes ne se trompent pas sur ce qui leur convient; elles ont en elles une sûre direction qui subvient à tous les besoins de leur activité et les préserve des égarements. Une ruche, une fourmillière offrent une image d'ordre social dont la perfection l'emporte de beaucoup sur la régularité des États les plus policés. Est-ce à dire pour cela qu'il faille préférer la condition des bêtes à celle des hommes et l'instinct à la raison? Comme ces nobles attributs de notre nature, l'intelligence et la liberté, dont elle est l'exercice et l'orageuse délibération, l'éloquence se montre surtout chez les peuples en qui surabonde la vie morale ; cette vie morale est-elle pure et forte, l'éloquence éclate en des prodiges de puissance , faisant les hommes plus grands que ne semble le comporter leur nature. Mais si, pour des causes que l'éloquence subit encore plus qu'elle ne les propage, la vie morale d'un peuple est atteinte de corruption, alors, certes, toutes les énergies, bonnes et mauvaises, prennent une voix, et les orateurs affluent, comme dit Montaigne ; toutefois, ce n'est pas l'éloquence qui précipite ainsi une société vers sa ruine. Elle est la lutte, elle est le bruit qui accompagne cette ruine dans tous les États dont la mort est longtemps et fortement disputée. L'histoire démontre que les sociétés qui ne sont plus ont disparu avec des destinées bien différentes ; pour les unes les silencieux affaissements des monarchies de l'Asie ; pour les autres, cette vaillante et tumultueuse agonie de la Grèce et de Rome, au spectacle de laquelle le genre humain se convoque encore incessamment ; pour celles-là, la mort tout entière avec tout ce qu'il est en elle d'anéantissements; pour celles-ci, moins la mort qu'une décomposition féconde, une laborieuse transformation de tout ce qu'il y avait en elles d'excellent et de durable. Ce que furent, ce que sont devenues les monarchies fastueuses et sans voix de l'Asie, il faut le demander aux mystères de l'histoire, il faut le chercher sous le sable du désert. Mais la Grèce et Rome, après leurs *perpétuelles tempêtes*, se sont survécu à elles-mêmes dans cet héritage glorieux, qu'elles nous ont légué, des lois, des beaux-arts, de l'histoire, de la philosophie, d'un monde d'enseignements et d'impérissables souvenirs.

Si grande qu'ait été l'éloquence d'Antoine Lemaistre, elle n'a eu ni à perdre ni à sauver la monarchie de Louis XIV. Dans les sociétés modernes, l'action des orateurs n'a pas seulement diminué; elle est encore devenue plus difficile. Quand on lit, au point de vue de la rhétorique, l'histoire des Grecs et des Romains, on est étonné de la sensibilité, pour nous étrange, dont ces anciens peuples étaient doués. On ne put pas condamner Manlius Capitolinus tant qu'on fût en présence de ce Capitole que l'accusé avait sauvé. Caïus Gracchus, quand il parlait devant la plèbe romaine, modérait les emportements de sa voix aux sons d'une flûte dont jouait un esclave placé derrière lui à la tribune aux harangues. Hortensius devait en partie ses succès à l'art avec lequel il faisait flotter en parlant les plis de sa toge ; Macrobe rapporte qu'un jour cet orateur intenta un procès à un passant qui avait dérangé, en le coudoyant, un effet de toge savamment étudié et préparé (1). Chez les Athéniens, une loi commandait aux vieillards de l'Aréopage de ne point lever les yeux sur les accusés et de se souvenir qu'un jour dans une cause où une femme avait comparu devant eux, coupable

(1) MACROBE, *Saturnal.* lib. II, cap. IX : « *Is quondam, cum incederet elaboratus ad speciem, collegæ de injuriis diem dixit, quod sibi in angustiis obvius offensu fortuito structuram togæ destruxerat....* »

d'un crime de lèze-majesté divine, il avait suffi du voile entr'ouvert de Phryné pour leur faire oublier les lois, la justice et les Dieux.

Telle n'était pas au temps d'Antoine Lemaistre la vivacité d'impression du public. Le Christianisme a produit et composé une vie morale intime d'une incalculable profondeur et qui ne laisse presque plus rien en dehors de cette faculté d'imagination si aisément surprise chez les Grecs et les Romains. L'éloquence ne peut plus s'adresser aux passions ; elle ne peut arriver aux passions qu'après s'être emparée de la raison elle-même. Et cette conquête, toujours ardue, car il faut surmonter pour l'accomplir ce qu'il y a de plus résistant en nous, la préoccupation et l'orgueil de notre propre pensée, se compliquait pour Antoine Lemaistre de difficultés sans nombre ; cet orateur parlait au milieu d'une sévère cour de justice, dans des causes peu susceptibles d'un intérêt général ; il était contraint de mêler à son langage des termes de droit et de procédure ; si malgré ces obstacles, Antoine Lemaistre a pu exciter l'enthousiasme, l'admiration, c'est qu'il y avait bien en lui le don d'une véritable éloquence.

Ce que nous allons ajouter le prouve encore mieux.

II

Tacite parle en ces termes d'un orateur mort sous le principat de Tibère : « ... *Haterii canorum illud et profluens cum ipso simul exstinctum est ;* et toute cette gloire d'Hatérius s'est éteinte avec lui en même temps que les éclats de sa parole abondante et sonore (1). » Il faut bien le reconnaître,

(1) TACITE, *Annal.* lib. IV, chap. LXI. Nous ne donnons pas notre paraphrase pour une traduction ; la beauté du latin est intraduisible.

une infirmité est propre à ce merveilleux pouvoir de l'éloquence ; elle est l'émotion d'un moment ; elle ne se survit pas à elle-même ; trop souvent il en est d'elle comme de cet enfant inconnu dont une pierre tumulaire nous dit ainsi toute l'histoire : « *triduo saltavit et placuit;* » il dansa trois jours et il plut (1). Aussi, la plus grande épreuve des œuvres de l'éloquence, c'est leur publication à une époque postérieure à celle pour laquelle elles ont été produites; l'action de l'orateur n'est plus là pour les soutenir ; les circonstances ont changé ; l'état des esprits n'est plus le même. Cicéron écrivait ses harangues après les avoir prononcées ; il les appropriait à la lecture ; il condensait la forme oratoire en une forme littéraire, plus précise, vive et pleine à la fois. Or, Antoine Lemaistre a-t-il usé

(1) Nous avons pris nous-même cette inscription, au reste fort connue, dans une petite ville d'origine phocéenne et messaliotte, Antibes (Var) ; la pierre qui la porte fort lisiblement, se montre sur la voie publique, aux avenues de l'église.

de cette précaution? a-t-il revu, avant de les donner au public, les plaidoyers que nous avons de lui? Racine l'affirme ou plutôt l'insinue avec malice. Mais quoiqu'en ait dit Racine, il ne semble pas que le grand solitaire de Port-Royal ait eu le loisir et la volonté de cette suprême correction.

C'est en 1637 qu'Antoine Lemaistre quitta le Barreau pour entrer dans le silence et la retraite. Quatorze ans après, sa renommée d'avocat était encore si vivante que des libraires conçurent le projet d'en faire leur profit. Un valet infidèle avait pris secrètement copie des plaidoyers d'Antoine Lemaistre; c'est sur cette copie que fut publiée, en 1651, une première édition, incomplète et fautive. Le solitaire se désola. Il fit demander par un ami, M. Issali, à M. Bignon, avocat-général, s'il n'y avait pas un moyen de supprimer cette édition. L'avocat-général répondit qu'il croyait «que c'estoit en vain qu'on chercheroit un autre remède au mal que celuy d'étouffer une copie falsifiée et défectueuse par l'impression de la véritable. » Antoine Lemaistre ne pouvait se décider à mêler à ses pénitences un travail qui n'était pas exempt d'un certain soin de vanité mondaine. L'affaire en resta là. Mais la spéculation des libraires avait réussi, et en 1653 ils donnèrent une seconde édition des célèbres plaidoyers, celle-ci augmentée même de quelques plaidoyers qu'Antoine Lemaistre n'avait jamais prononcés ni préparés. Nouveau chagrin dans la cellule du solitaire ; nouvelle consultation de M. Issali auprès de M. Bignon, ne manquant pas de répéter « qu'il n'y avoit point d'autre remède que celui qu'il avoit proposé d'abord ; mais que si alors il estoit utile, il estoit devenu depuis absolument nécessaire. » Antoine Lemaistre ne se décida pas encore ; ses amis le pressaient en vain ; il résistait toujours, lorsqu'on apprit, un an ou deux après, en 1654 ou 1655, que les libraires, de plus en plus alléchés par le profit, faisaient l'annonce d'une troisième édition, considérablement plus ample que les précédentes, devant contenir outre les dix plaidoyers déjà publiés, trente-un nouveaux plaidoyers entièrement inédits, dont dix-neuf fournis par un gentilhomme gascon, admirateur passionné du célèbre avocat, accourant tout exprès des bords de la Garonne pour cette troisième édition. Antoine Lemaistre prit peur. Que ne pouvait-on pas mettre sous son nom pour le scandale des fidèles ? Il se résigna à ce dernier sacrifice exigé par un monde auquel il n'avait pu échapper tout entier ; il abandonna à M. Issali le soin de donner une édition originale et authentique de ses plaidoyers, dont, au reste, il existait réellement, à son insu, des copies plus ou moins exactes.

Racine a écrit que M. Lemaistre a revu ses œuvres et il a ajouté qu'un pénitent doit oublier tout ce qu'il a fait pour le monde (1).

(1) Voici le malicieux passage de Racine : «... Je n'ai point prétendu égaler Desmarets à M. Le Maistre : il ne faut point pour cela que vous souleviez les juges et le Palais contre moi ; je reconnois de bonne foi que les plaidoyers de ce

Il y a encore au sujet de cette prétendue révision une autre insinuation faite par d'Ablancourt : « . . . On ne sauroit fondre la matière ; à cause de cela il se faut contenter de la soudre, et il n'y a rien de si vilain que quand cette soudure paraît. . . (1). » Nous ne savons s'il y a des soudures dans les plaidoyers publiés de l'avocat pénitent, mais ces soudures, si elles existent, ne sont pas l'œuvre de Lemaistre. M. Issali est explicite sur ce point, et cet éditeur est trop évidemment honnête homme, consciencieux et timoré, pour n'être point cru sur parole : « Il s'est confié en mes soins et en mon affection, dit-il, de ce qui regardoit l'exécution de ce dessein (de substituer une édition authentique à des éditions apo-

dernier sont sans comparaison plus dévots que les romans du premier. Je crois bien que si Desmarets avait revu ses romans depuis sa conversion, comme on dit que M. Le Maistre a revu ses plaidoyers, il y aurait peut-être mis de la spiritualité ; mais il a cru qu'un pénitent devait oublier tout ce qu'il a fait pour le monde. » (Seconde lettre de Racine contre Port-Royal.)

(2) Lettre de D'Ablancourt à Patru.

cryphes). » M. Issali s'est borné d'ailleurs à compléter et vérifier les citations de lois et d'ouvrages, en outre « à lever les arrêts, » son respect pour Antoine Lemaistre, sa méfiance en lui-même ne lui permettant pas d'aller au-delà et de toucher au texte des discours. L'auteur est-il intervenu dans ce travail ? Il faut le croire, mais on doit dire la mesure de cette intervention. M. Issali mentionne « quelques-unes des plus célèbres causes » qu'on ne trouvera point dans son recueil ; « on attribuera, continue-t-il, la suppression de ces plaidoyers à des raisons particulières qu'il n'est point nécessaire de marquer. Et d'ailleurs je suis témoin que personne ne les peut avoir eus entiers, et qu'ainsi on ne les sçauroit produire que par une visible supposition. » Bien certainement, ce n'est pas M. Issali, c'est Lemaistre qui a eu le courage de cette suppression. Ainsi, ce dernier intervient dans le travail de son éditeur, non pour revoir et corriger ses œuvres, mais pour en supprimer quelques-unes, celles qu'il sait ne pouvoir point être publiées par un autre que par lui. Voilà un pénitent obligé par une spéculation de libraire de laisser paraître ses compositions mondaines ; il fait un choix ; choisira-t-il les plus belles ? Non, celles seulement dont il existe des copies et qu'il sait ne pouvoir point être dérobées au public ; toutes celles qu'il peut utilement supprimer, il les supprime. Nous sommes loin de la supposition de Racine et d'une juste application de sa malicieuse remarque sur ce qu'un pénitent doit oublier.

Le recueil des plaidoyers d'Antoine Lemaistre, par M. Issali, doit avoir eu plusieurs éditions. C'est du moins ce qu'il est permis d'inférer d'un exemplaire de ce recueil que nous avons sous les yeux et qui porte la date de 1705 (1). Or, il est à peu près certain, par la teneur des priviléges des libraires et par d'autres renseignements, que

(1) *Recueil de divers plaidoyers et harangues d'Antoine Lemaistre*, publié par Issali; nouvelle édition. Paris, 1705 in-4°.

cet ouvrage a dû être publié en 1654, 1657, 1660 et 1675 (1). Nous savons encore, d'après une bibliographie, que, dans l'année 1672, il en a paru une édition à Heidelberg, celle-ci accompagnée, circonstance remarquable, d'une traduction en allemand. Ainsi, les œuvres oratoires d'Antoine Lemaistre ont bien subi l'épreuve de la publicité, et cette épreuve, loin de leur être défavorable, en a confirmé le succès ; elles ont résisté à deux falsifications ; elles ont subvenu, sous leur vraie forme, à plusieurs impressions ; elles ont même passé dans un pays étranger aux maximes du droit français. Les changements de législation ne semblent pas pouvoir diminuer l'importance de ce monument où Lemaistre n'a mis pourtant que les

(1) Quérard compte cinq éditions dès 1660, (*France littéraire,* tome V, p. 130, au mot LEMAISTRE (Antoine) ; mais nous craignons que le savant bibliographe n'ait compris dans ce nombre les deux éditions apocryphes de 1651 et 1653. Le recueil d'Issali n'a eu, ce nous semble, que trois éditions, de 1654 à 1660, auxquelles il faut ajouter, depuis, celles de 1675 et 1705.

premiers errements de son âme aimante et forte. Après la Révolution, alors que tout s'était transformé en France, les lois comme les idées, en 1807, nous trouvons encore une édition des *OEuvres choisies* d'Antoine Lemaistre ; la préface du livre se compose d'un discours de M. Bergasse (1), et un célèbre journaliste du temps, M. Lacretelle aîné signala (2), au nouveau barreau français, dans l'avocat du XVIIe siècle, le vrai modèle de la savante et saine dialectique judiciaire.

N'oublions pas de consigner ici le titre au moins d'un opuscule composé sur le grand avocat par un de ses émules modernes; M. Philippe Dupin, au début d'une carrière où il devait laisser tant d'éclat et de regrets, a rendu hommage à cette gloire du barreau

(1) OEuvres choisies d'Antoine Lemaistre, précédées d'un fragment sur l'influence de la volonté sur l'intelligence, par M. BERGASSE et de la Vie de Le Maistre, avec un examen de sa manière et une analyse de ses plaidoyers non réimprimés, par M. FALCONNET; Paris, F. Buisson, 1807, in-4°.

(2) Dans le *Publiciste* du 24 avril 1807.

français et publié une *Notice sur Antoine Lemaistre* (1).

III

M. de Vallée reprend et continue cette tâche pieuse des admirateurs d'une illustre mémoire; il a mieux fait que nous pour démontrer les mérites de l'éminent orateur : il l'a cité ; dans des fragments détachés avec intelligence et accompagnés d'habiles et brillants commentaires, il a reproduit

(1) *Notice sur Antoine Lemaistre* par Philippe Dupin, Paris, 1822, in-8°, imprimerie de Rignoux. — Cette *Notice* est un tirage à part de la préface des œuvres choisies d'Antoine Lemaistre, placées en tête des *Annales du Barreau français* ou choix des plaidoyers, mémoires et discours les plus remarquables, depuis Lemaistre et Patru jusqu'à nos jours, etc., par MM. Dupin aîné et jeune (Philippe), etc. — Paris, 1823 - 1831, 20 vol. in-8°.

« ces longues parties incontestablement graves et saines » dont M. Sainte-Beuve avait déjà parlé. En tant que jurisconsulte, Antoine Lemaistre devance Domat et le représente tout entier ; comme Domat, il se rattache à la grande école des romanistes, et comme lui il tempère et complète les doctrines du droit romain par une inspiration immédiate et vive des dogmes et de la morale du Christianisme. Dans ces matières, telles que les substitutions, qui tiennent de plus près à l'organisation aristocratique de l'ancienne société, Antoine Lemaistre est plus intelligent que les jurisconsultes de son temps et de l'époque suivante ; il touche à Montesquieu ; il en a la vue impartiale, haute et directe ; il sait discerner comme celui-ci, dans le droit politique de la féodalité, ce qui en est à la fois la nature, la limite et l'abus. Il n'adore pas les lois établies comme les jurisconsultes de son temps; il ne les critique pas comme les publicistes du siècle suivant ; il les comprend et les juge avec cette plénitude d'esprit qui sait toujours tirer d'une loi ce qu'il y a en elle d'excellent et qui, tout en la soumettant à un idéal supérieur, ne manque pas à voir les obstacles opposés à la perfection par les défauts de notre nature. De là, dans ses appréciations, une grandeur empreinte à la fois d'audace, de tristesse et de résignation. Cette attitude, si l'on peut dire ainsi, est propre à Antoine Lemaistre parmi les penseurs que la science du droit peut revendiquer. Mais ce qui lui est plus propre encore, c'est l'animation naturelle, la véhémence toujours prête, l'accent ému et vibrant, qui sont en lui comme le mode constant de sa vie intellectuelle ; il n'a pas des idées à l'état de spéculation, mais bien à l'état de passion ; par-là, il captivait tout d'abord les auditeurs qu'il devait ensuite dominer par la hauteur de ses enseignements. Toutefois, Antoine Lemaistre ne s'abandonne pas à cette faculté de sa nature sympathique, ainsi qu'on le fait dans les époques révolutionnaires ; à tous égards, il est vrai de dire avec Montaigne, du sentiment que « sa puissance est dans l'arrêt. » Antoine Lemaistre, par pudeur et non par calcul, ne se permet pas l'expression extrême des émotions qui l'agitent : la passion en lui est forte et n'est pas emportée ; il en retient les éclats et s'il la laisse apparaître, c'est avec une régularité et une décence qui en font la majesté.

Une pareille condition intellectuelle et morale comporte, on ne saurait s'en étonner, un style d'une magnifique qualité. Venu à une époque où la prose se composait, Antoine Lemaistre a déjà quelques-unes des beautés de la langue du grand siècle littéraire, une élévation naturelle qui fait songer à Corneille, l'art des savantes périodes mis en pratique par Balzac ; il a déjà surtout la clarté française. Si la vivacité s'éteint en lui dans la pompe que lui commandaient le ton et les habitudes de l'auditoire de la Grand'Chambre, l'esprit lui-même ne lui fait pas défaut, cet esprit du moins qui naît d'une aperception nette et prompte de la vérité, et qui est le bon sens toujours en vigilance. Ces qualités oratoires nous expliquent comment Antoine Lemaistre a eu, pendant plus de huit années, le privilége, comme nous l'avons dit déjà, de faire accourir tout Paris dans l'enceinte de la Grand'Chambre. On aimait à voir ce jeune homme, tel que Champaigne nous l'a peint, animé et solennel, aux prises avec des avocats vieillis dans le métier, opposant à des adversaires adroits, vigoureux, l'habile et magnifique ordonnance d'un discours qui était moins une argumentation qu'un enseignement. Il ne nous semble pas qu'Antoine Lemaistre ait eu cette dialectique, toujours prête et serrée, qui profite des moindres incidents et fait sortir le gain d'une cause de circonstances momentanées, indépendantes de la raison elle-même : c'est par la raison seulement et non par cette espèce d'escrime, qu'il était puissant ; il établissait les faits, leurs caractères, les principes qui les dominaient ; il produisait sur une cause une grande lumière, et l'on eût dit qu'il triomphait moins par les ressources de son esprit que par la force même de la vérité (1).

M. de Vallée suit Antoine Lemaistre dans ses divers plaidoyers; il en relève les qualités, les traits remarquables, les idées les plus importantes. On a dit que la littérature est le tableau de la société. Il

(1) En reconnaissant toutes ces qualités, nous éprouvons le regret de différer beaucoup du sentiment de M. Sainte-Beuve sur les plaidoyers d'Antoine Lemaistre. M. Sainte-Beuve est un juge si élevé et si délicat, qu'on ne saurait le contredire sans se tromper à coup sûr. Mais nous nous rassurons en pensant à cette opposition qu'il y a eu de tout temps entre les lettres et la jurisprudence. Ceux qui vivent dans l'intimité même du beau, de l'ingénieux et du sublime, ne manquent jamais de se trouver désappointés quand ils ont la curiosité d'examiner de près le mérite d'un de ces orateurs ou écrivains fameux au Palais et dans le monde des affaires. Tout ce qu'il faut pour établir quelque clarté, quelque raison, quelque élégance dans un conflit de vérités relatives, bornées, presque toutes contestables, c'est ce qui ne saurait se présenter à ces exquises intelligences. Pourquoi les écrivains et les orateurs juridiques, condamnés à s'alimenter dans un milieu de faits, d'idées, d'intérêts moyens et communs, ne trouvent-ils point grâce devant les gens lettrés ? Au XVIIIe siècle on eût décidé cette question en disant que Thémis n'était pas une des neuf muses. Nous nous en tiendrons à cette solution mythologique.

serait plus exact de dire que la littérature exprime, de la société, ce qui tient à l'état des esprits et des imaginations. Quand on veut avoir une image réelle et vraie de la société à un moment donné, il ne faut pas toujours s'arrêter à ces œuvres de la fantaisie qui, par une réaction nécessaire, a souvent suscité d'innocentes et pures bergeries au milieu des temps corrompus et terribles : il faut s'introduire et prendre place dans le prétoire de la justice; là viennent se traduire les drames que l'on n'imagine pas et qui sont les accidents ordinaires, quoique violents, de la vie d'une époque ; là des acteurs, qui ne sont pas factices, expriment, quoiqu'ils disent, l'état de l'opinion, des mœurs, des sentiments. Les plaideurs et les criminels offrent quelquefois des étrangetés auxquelles il serait fort aisé de se méprendre ; mais ce qui les contient et les ramène dans le cadre de leur temps, c'est le dernier mot prononcé sur eux par la justice. L'esprit et pour mieux dire la raison d'une société est là tout entière, dans la loi, dont la jurisprudence est la manifestation vivante, successive, appropriée aux péripéties et aux besoins de chaque époque. M. de Vallée n'a pas manqué à profiter des plaidoyers d'Antoine Lemaistre, pour faire revivre dans sa réalité la société française au XVIIe siècle. L'auteur s'est livré à cette étude, non pas seulement avec la curiosité d'un historien, mais bien encore avec l'émotion d'un sentiment tout moderne. Ce mérite a été signalé déjà par un critique de de beaucoup de distinction dont nous citerons les paroles : « L'art remarquable de M. Oscar de Vallée, a dit M. de Pontmartin, a été de mêler sans cesse à ses appréciations du talent d'Antoine Lemaistre le récit des procès pour lesquels il plaida, de façon à nous donner de l'analyse en action et à intéresser également les lecteurs à l'étude de son éloquence et au succès de ses causes. Un autre mérite du biographe d'Antoine Lemaistre, c'est d'être de notre temps, de ne jamais oublier la leçon présente et applicable au milieu des souvenirs d'un autre siècle, de chercher attentivement les analogies et les différences entre ce fonds humain qui change peu et ces variations extérieures qui transforment, d'âge en âge, les lois et les mœurs. (1) »

Mais l'intelligence de M. de Vallée est trop haute, trop sympathique à tous les genres de grandeur, pour n'avoir vu qu'un éloquent avocat dans Antoine Lemaistre ; en cet homme, qu'il nous offre comme un des types de l'art oratoire, ce que l'au-

(1) M. Armand de Pontmartin, un écrivain précieux pour le journalisme actuel, parce qu'il l'honore, s'est ainsi exprimé sur l'ouvrage de M. de Vallée, dans un article publié par *L'Assemblée Nationale,* du 18 octobre 1856. L'importance du livre de M. de Vallée comme tableau d'un moment de la société française a frappé encore un autre écrivain ; M. Auguste Maquet, dont les charmantes compositions sont de minutieuses et vives études historiques, s'est étonné de trouver dans ce livre une si riche matière pour ses travaux habituels ; la gravité magistrale de l'auteur ne l'a pas arrêté ; il a appelé son œuvre un *roman :* « c'est le roman d'un demi-siècle, » a-t-il dit (voir *La Patrie* du 1er mars 1857). Mais, pour M. Maquet, le roman c'est encore l'histoire surprise, devinée dans ses réalités intimes.

teur montre encore, avec une singulière puissance de pieuse ardeur, après le penseur, l'écrivain, le moraliste, c'est le chrétien envahi dès ses débuts à la Grand'Chambre par une passion qui, d'heure en heure, le ravit au monde et l'emporte vers la solitude ; il a fait ainsi d'Antoine Lemaistre une figure qui représente bien, dans sa gravité juvénile et sa ferveur contenue, cette époque que nous dépassons de toutes les manières, mais non pas par l'élévation morale.

IV

Au XVIIe siècle, la science, les lettres, l'ambition, la gloire, l'amour lui-même, toutes les recherches et toutes les préoccupations étaient subordonnées à la préoccupation supérieure des fins de la vie humaine. Comme Saint Bernard, les hommes de ce temps se prêtaient au monde et ne se donnaient pas à lui. La meilleure partie d'eux-mêmes qu'ils réservaient, était à la méditation des choses éternelles; elle s'y apaisait et y prenait son tempérament. La société n'était pas alors agitée par ces convoitises infinies qui la troublent et la ruinent, lorsqu'elles s'y enferment tout entières. Il y avait alors sur toutes les œuvres ces caractères visibles, le calme, le bon sens, une gravité sans tristesse, une majesté simple; alors une grandeur presque naturelle apparaissait, et c'était comme le rayonnement de cet effort de sainteté qui s'élaborait dans les âmes.

Antoine Lemaistre fut un des hommes de ce temps. « Quand il commença à plaider, dit M. de Vallée, Dieu occupait déjà sa maison et presque tous les siens étaient au couvent ou dans la retraite (1)... Vers la

(1) Antoine Lemaistre avait à Port-Royal : sa mère, *Madame Lemaistre l'aînée ;* cinq tantes, la mère Angélique, la mère Agnès, la sœur Anne-Eugénie, la sœur Marie-Claire,

fin, quand Dieu, qui l'avait suivi dans sa courte carrière comme un être de choix, eut entièrement pris son âme, cette parole si vive, si entraînante, si bien faite pour la domination, s'alourdit et devint languissante. On raconte qu'inattentif à ses succès et déjà séparé du monde par la volonté de le quitter, ce grand avocat de trente ans ne regardait plus en plaidant que l'image du Christ placée devant ses yeux. Au lieu d'admirer cette langueur d'une âme chré-

la sœur Madeleine-Sainte-Christine ; deux oncles, le grand Arnauld et l'abbé de Saint Nicolas, depuis évêque d'Angers : enfin un frère Isaac-Louis Lemaistre. Un autre frère, M. de Séricourt et un autre de ses oncles, M. d'Andilly, vinrent depuis le rejoindre. — Isaac-Louis Lemaistre, qui avait précédé Antoine à Port-Royal, gouverna la communauté sous le nom de *M. de Saci*, figurant encore sur le titre d'une traduction fort usuelle de la Bible dont il est auteur en grande partie. Il s'appelait ainsi par une façon d'anagramme de son nom de baptême *Isaac*. Il est presque superflu d'ajouter que M. de Saci n'a pas été marié, qu'il n'a pas eu d'enfants et qu'il n'a transmis à personne son nom de religion. Le polygraphe orientaliste Isaac Silvestre dit *de Sacy*, n'a pris ce dernier nom également que par transformation de celui d'*Isaac* (Voir PORT-ROYAL, de M. Sainte-Beuve, tome II, pages 10, 312, etc.)

tienne qui se détachait de tout, Omer Talon crut devoir la blâmer et signala l'éclipse ou même la fin d'un talent qu'il n'avait pas cessé d'envier. A cette injustice d'un rival toujours vaincu, Lemaistre sortit, un moment, de sa pieuse torpeur ; l'homme qui allait disparaître tout à fait et s'abîmer dans la pénitence, connut une dernière fois cette passion humaine de la gloire, si puissante sur les cœurs. Il fut plus que jamais, en jetant dans l'audience ses dernières paroles, en y prononçant son dernier plaidoyer au mois d'août 1637, un éloquent et incomparable avocat. Cessant de regarder ce crucifix « qui lui donnait envie de pleurer, » et ne perdant pas de vue, au contraire, M. Talon dont l'injustice avait provoqué ce réveil, il le courba sous son regard, sous son geste, sous sa parole enflammée et que poétisait encore le sentiment d'un silence volontaire et prochain. L'impression que produisit ce discours est attestée par les contemporains ; elle fut immense... (1) »

(1) M. de Vallée, p. 386.

Quels furent les motifs de la conversion d'Antoine Lemaistre ? Si nous nous rendons bien compte de ce que l'on trouve sur cette question dans l'ouvrage de M. de Vallée, il y eut une cause surtout à cette résolution, l'obsession d'une famille presque tout entière engagée dans la vie religieuse. C'est là, nous en croyons M. de Vallée, l'histoire de la conversion d'Antoine Lemaistre, et nous admettons avec l'auteur la vérité de ces paroles qu'il rapporte d'après une lettre de Balzac à Chapelain : « Les causes secondes n'ont aucune part en cette conversion, comme vous diriez un mauvais succès en amour, un rebut des supérieurs ou quelque autre disgrâce de cette nature. »

Toutefois, s'il nous était loisible d'entrer dans l'intimité de ce sujet, nous risquerions au moins une conjecture. Tel qu'il se montre dans ses plaidoyers, Lemaistre n'est pas précisément un avocat; il parle en législateur ; il a des vues générales, des spéculations élevées et toujours positives : or, ce sont là les traits d'un grand esprit politique. De plus, on sait que les politiques ont pour l'histoire de singulières aptitudes : or, Lemaistre nous offre, dans ses plaidoyers, des fragments d'histoire d'un caractère original et qui sont, à notre avis, les parties les plus remarquables de son œuvre.

Lemaistre a fait de Richelieu une appréciation supérieure aux jugements du temps, pleine de réserve et fort bien appropriée aux actes. Il définit ainsi le génie spécial de cet homme qui a plus réprimé qu'il n'a suscité et créé : « L'agitation perpétuelle de sa prudence. » L'homme de robe, discret et profond, cachant sous une apparente inertie une énergique vigilance, se montre bien en ces mots où l'on voit Richelieu « procurant la sûreté à quelque partie du royaume, lorsqu'on se figure qu'il sommeille. » Il ne se dissimule pas la double face de cette politique qui « a formé la tranquillité de cet Etat et les orages chez nos voisins. » Quant aux expédients mis en œuvre pour réduire certaines résistances, il laisse aux « ennemis de cette couronne d'en parler eux-mêmes avec autant d'admiration que de douleur. » Après cette habile réserve, on trouve une critique, non moins habilement déguisée sous l'éloge, des projets excessifs de ce ministre qui a violemment usé et presque rompu les vieux et puissants ressorts de l'ancienne constitution de la France : « C'est sa magnanimité qui lui fait trouver la France petite pour la grandeur de son maître et la puissance de son génie, qui ne reconnaît point pour bornes de cet Etat celles que la nature semble avoir marquées par les montagnes et par les fleuves, mais celles que la justice des rois leur trace au-delà de leurs frontières. » Les frontières, les fleuves, les montagnes semblent être placées ici pour faire naître l'idée de ces autres limites, dont il ne fut point tenu compte et qui s'opposèrent en vain à l'établissement de la monarchie absolue.

Antoine Lemaistre parlait ainsi de Richelieu dans une occasion où il n'y avait place que pour l'éloge. Il faut l'entendre sur un autre sujet et dans une circonstance où sa pensée était tout à fait libre. Il s'agissait d'obtenir l'infirmation d'un arrêt rendu contre l'exécution d'un legs fait par un Anglais sur des valeurs mobilières existant en France. Le droit d'aubaine était ici invoqué pour substituer le roi au légataire réclamant. Un avocat ordinaire aurait cherché et n'aurait pas manqué de trouver une loi de Louis X, en vertu de laquelle le droit d'aubaine avait été supprimé en France, sinon dans tous les cas, du moins dans un cas analogue à celui dont il était question. Louis X avait aboli le droit d'aubaine pour les hommes d'étude fréquentant les universités (1). Or, le testateur anglais

(1) Lettres-patentes de Louis X, de Paris, 15 décembre 1315, approuvant pour la France la Constitution de l'empereur Frédéric au sujet des franchises ecclésiastiques, des hérétiques, des naufragés, des étrangers et des laboureurs ; (*Corpus juris civilis*, p. 1407 — *Collect. du Louvre*, tome I, p. 610). La loi à laquelle nous faisons ici allusion, forme l'article 10 des lettres précitées. — Nous n'avons pas besoin d'ajouter que cette abolition du droit d'aubaine n'a été de nul effet, du moins dans les pays de droit coutumier.

était un docteur en théologie, et il n'eût pas été impossible de faire de cette qualité du testateur un privilége de cléricature dont devait profiter le légataire lui-même. Tel eût été du moins l'effort d'un avocat exclusivement préoccupé d'arguments de droit civil. Mais il y a une toute autre préoccupation dans l'esprit d'Antoine Lemaistre. L'orateur ne saurait se renfermer dans une question de droit d'aubaine et dans l'interprétation de quelques articles d'un traité intervenu entre la France et l'Angleterre pour l'abolition de ce droit : ce dont il parle tout d'abord et longuement, c'est de l'alliance anglo-française ; il expose l'historique de cette alliance ; il la juge et il en fait l'apologie. Voici quelques traits de ce plaidoyer :

« ... Depuis que nos rois sont demeurés seuls maîtres de toute la France sous le règne de Charles VII, ils ont traité avec les Anglais comme avec les autres peuples. La victoire réconcilie aisément les victorieux avec les vaincus. Les Anglais furent frappés d'un étonnement prodigieux de se voir chassés de France en moins de dix ans, leurs armées défaites, leurs villes prises, leurs conquêtes perdues, et ensuite leur roi même, savoir Henri VI, dépouillé de son royaume par les princes de son sang, Dieu le permettant ainsi pour le punir de ce qu'il avait voulu dépouiller le roi Charles VII du sien. Ces évènements terribles leur firent perdre le dessein aussi bien que l'espérance de conquérir de nouveau ce qu'ils avaient été plus de deux cents ans à gagner, et n'avaient été que dix ans à perdre. Ce ne fut depuis qu'alliances et traités entre ces deux couronnes, et l'Angleterre, qui avait fait de la France le théâtre de ses combats, demeura plus de cinquante ans sans en troubler presque la tranquillité, et trouva plus d'avantage à l'avoir pour amie que pour ennemie. Le roi Charles VIII épousa Elisabeth, fille d'Edouard ; le roi Louis XII, Marie, sœur d'Henri VIII, et ces deux princes procurèrent, en 1518, une paix générale entre tous les princes chrétiens. »

« Ce fut en ce temps que l'ambition d'Espagne, qui avait commencé sous Ferdinand et Isabelle, s'accrut de telle sorte dans le cœur de l'empereur Charles-Quint, qu'elle le rendit formidable à toute la chrétienté ; et alors François Ier et Henri VIII, roi d'Angleterre, s'étant entrevus près de Guignes, se liguèrent ensemble contre cet ennemi commun, lequel employa tous ses artifices, qui ont été les plus grands instruments de ses conquêtes, pour diviser ces deux princes, et excita tellement Henri VIII à reprendre ses anciennes prétentions sur la France et à se venger de l'affront qu'il lui persuadait que l'Angleterre souffrait depuis le roi Charles VII, qu'il le fit résoudre à un traité contre nous. »

« Mais, en 1524, lorsque la Franco était exposée de toutes parts aux entreprises de ses ennemis; que tout le corps était ébranlé par l'absence de son chef ; que le dauphin et les princes du sang étaient trop jeunes pour soutenir cet orage; que Charles-Quint, qui était alors veuf, offrait à Henri VIII d'épouser sa fille et de se joindre à lui pour partager ce royaume ensemble, Dieu, qui veille pour la conservation de la première des monarchies chrétiennes, inspira au cœur de Henri VIII de rejeter toutes ces offres, de refuser la conquête d'une partie de cet Etat, qui ne parut jamais si facile, d'oublier les vieilles querelles, qui ne vieillissent guère dans le cœur des rois, et d'assister la France dans son malheur, au lieu de s'en servir pour s'en rendre maître. Il fut si généreux, qu'il prit part à la douleur de la France, quitta l'alliance qu'il avait avec l'empereur Charles-Quint, se ligua avec nous contre lui et ne se contenta pas d'une ligue ordinaire, mais il jura une amitié éternelle, une union inviolable jusqu'à la dernière postérité des deux princes, et, comme porte le traité, *jusqu'au dernier an du monde et la dissolution des monarchies.* »

» Il ne se contenta pas de cela. Mais au lieu de faire valoir ses prétentions sur la France et de demander la restitution de la

Guyenne, comme avaient fait autrefois ses prédécesseurs, il quitta volontairement toutes les prétentions que la couronne d'Angleterre avait eues depuis deux ou trois siècles sur la nôtre, afin de couper par ce moyen la source de toutes les guerres. Générosité, à qui les plus sages historiens ont écrit que nos pères ont dû, après Dieu, le salut de cet Etat, et qui mérite bien, quand les Anglais ne nous auraient pas assistés depuis, de chérir leur amitié et d'user non-seulement de justice, mais encore de générosité envers eux.

» Cette union du roi François Ier avec le roi Henri VIII releva ce royaume de sa chute, le rendit la terreur au lieu de le rendre la proie du victorieux, attira la conjonction du Pape, des Vénitiens et de plusieurs autres princes de la chrétienté, et mit la France en état de pouvoir repousser glorieusement en 1535 le même empereur Charles-Quint, entré en Provence avec cinquante mille hommes ; de l'obliger depuis à lever le siège de Landrecies en

1543 ; de lui tuer dix mille hommes à Cérisoles en 1544 ; de le réduire la même année à recourir à la paix pour se retirer hors de France, dont l'entrée a toujours été plus facile que la sortie, sans qu'il y eût fait autre chose que perdre la moitié de son armée ; de le forcer en 1553, de lever le siège de devant Metz, d'y laisser plus de trente mille hommes morts de faim et de misère, et de remporter en Espagne le désespoir qui l'a tourmenté tout le reste de sa vie, d'avoir vu en sa présence renverser les grands trophées que ses capitaines, ses artifices et son bonheur lui avaient élevés en son absence... (1). »

On le voit, Antoine Lemaistre se laisse aller bien complaisamment à traiter un sujet exclusivement politique. Dans les paroles que l'on vient de lire, on doit surtout remarquer la violence que toute cette ardeur politique fait aux préférences habituelles de l'orateur : « Son admiration

(1) M. de Vallée, p. 338-341.

pour Henri VIII, dit fort bien M. de Vallée, contraste avec ses sentiments religieux, la pureté de ses mœurs, l'empire que ses amis et lui surent prendre sur leurs passions. Le politique efface un moment le catholique et l'homme de Dieu, et c'est dans cet intervalle qu'il trouve tant de louanges pour le prince qui changea la religion de son peuple, afin d'être plus libre dans ses désordres, et qui crut se soustraire, au milieu de ses débauches et de ses meurtres, à l'œil de Dieu, en se faisant sur la terre le juge indulgent et unique de sa conscience et de sa foi. Sous la même influence, il diminue au contraire la gloire de Charles-Quint, et veut injustement réduire sa grandeur à « *ses capitaines, ses artifices, son bonheur.* » Il y avait pourtant plus de rapport, entre le solitaire de Port-Royal et le moine de Saint-Just, qu'entre le meurtrier d'Anne Boleyn et le doux et angélique amant de la Vierge Marie (1). »

(2) M. de Vallée, p. 343.

Il en est ainsi de toutes les vocations dominantes, on les dissimule en vain; quand elles apparaissent, elles se montrent en possession de l'âme tout entière. Antoine Lemaistre préférant Henri VIII à Charles-Quint, n'oubliait pas ses croyances: il cédait à l'entraînement de sa préoccupation naturelle pour les choses de la politique et du gouvernement.

Mais si l'on est éloigné des affaires par la naissance ou par l'état, il ne suffit pas, pour y arriver, d'en avoir l'intelligence, la faculté, la passion. Or, Lemaistre a sacrifié à cette nécessité de se faire un protecteur; il a loué le chancelier Séguier en des termes admissibles seulement dans une académie, et tels que, venant d'un homme d'austère moralité, ils ne peuvent s'expliquer que par un violent parti pris de résolution ambitieuse. Certes, nous ne croyons pas que Lemaistre se soit dégoûté du monde à cause d'une place d'avocat-général à Paris, qui lui fut, dit-on, refusée; on ne perd pas tout espoir à trente ans pour un pareil insuccès. Mais il nous semble bien que Lemaistre fut un de ces hommes qui se trouvent pris avec une grande vocation politique dans une époque où déjà tout est occupé par d'irrésistibles dominations. Ce contemporain de Richelieu et du définitif établissement de la monarchie absolue de Louis XIV, n'était pas venu à son heure; il n'y avait point de place pour lui au monde. Un homme qui n'agit pas dans le sens de ses tendances et de ses aptitudes, ne tarde pas à s'éteindre dans d'insurmontables ennuis; l'agonie est d'autant plus pénible que la vocation est plus prononcée et la nature plus forte. Cette gloire que Lemaistre recueillait au barreau, ne lui fut pas longtemps une satisfaction, une distraction; elle lui devint un tourment. La vie lui était impossible; il en sortit, se laissant aller, dans le trouble et la douleur de son âme, à la voix de celui qui n'avait mis ce chemin sans issue devant ses pas, que pour l'appeler à lui. S'il avait été de notre temps, Lemaistre eût pris quelque parti désespéré ; mais il était de ce temps où les esprits animés d'un besoin d'action redoutable pour la société, s'apaisaient dans la religion. Il eût pu attendre et préparer la Fronde ; il fut plus grand, c'est-à-dire plus honnête : il se fit religieux. Et ce qui prouverait encore la puissance de cette nature faite pour les agitations humaines, ce sont les emportements de ses vingt années de retraite ; ce grand pénitent, ce chef des solitaires, ce tourmenteur de lui-même, comme dit M. Sainte-Beuve, a vécu dans un combat perpétuel ; il n'a pris de repos que dans la mort.

Quoiqu'il en soit de notre conjecture, quand Lemaistre, au mois de décembre 1637, passa tout d'un coup du barreau dans la solitude de Port-Royal, l'émoi fut extrême dans le monde. A l'hôtel de Rambouillet, on rechercha les causes, on discuta sur le vrai amour, mais on admira. Mlle de Scudéry célébra « le grand renoncement » et l'on colporta le quatrain suivant composé par Gomberville, un des Quarante :

Te dirai-je ce que je pense,
O grand exemple de nos jours !
J'admirai tes nobles discours ;
Mais j'admire plus ton silence.

On éprouva moins de satisfaction dans les régions du gouvernement. Ce personnage que l'avocat-pénitent avait trop loué, ce fut là un des péchés qu'il eut à expier, le chancelier Séguier parla tout haut de l'ambition impatiente, de la folie de M. Lemaistre. Richelieu que le jansénisme inquiétait, s'irrita de cette nouvelle conquête de Port-Royal. Il y eut un commencement de persécution. L'abbé de Saint-Cyran fut arrêté et conduit à Vincennes, d'où il écrivit à Lemaistre : « Je n'ai pas douté que votre retraite ne fût un des chefs de mon accusation. Je n'ai garde de m'en plaindre, puisque cette accusation me flatte un peu et me donne lieu d'espérer plus que jamais en la miséricorde de Dieu. » On ne s'en tint pas là ; on dépêcha au solitaire pour l'interroger, un homme de funèbre mémoire, Laubardemont ; celui-ci qui avait fait brûler à Loudun le curé Urbain Grandier pour une possession diabolique prouvée surtout par des visions, vint demander à Lemaistre s'il n'avait pas, lui aussi, des visions. Laubardemont n'usait, à ce qu'il paraît, que d'une manière pour expédier les gens ; mais cette manière était suffisante. Le reclus savait encore son métier d'avocat ; il vit le piège et se moqua du monotone questionneur. « Oui, lui répondit-il, j'en ai, des visions, » et il ajouta en montrant les fenêtres de sa cellule : « par celle-ci, je vois le village de Vaumurier ; par celle-là, je vois le village de Saint-Lambert. » Laubardemont, raillé, voulut avoir quelque satisfaction. Lemaistre se trouvait fort bien « dans les sacrés déserts » de la vallée de Chevreuse. Il l'en fit chasser. Le reclus se réfugia à la Ferté-Milon, dans l'abbaye de Saint-Lazare, d'où, treize mois après, il lui fut permis de regagner sa première retraite. Ce qu'il y fit pendant plus de vingt années, il faut le voir dans l'ouvrage que M. Sainte-Beuve a consacré à l'histoire de Port-Royal. M. de Vallée n'a pu accorder que quelques pages émues à cette partie de son sujet. Nous détacherons seulement ici un trait qui se réfère encore à la biographie de l'avocat.

Lemaistre était venu à Port-Royal « comme un mendiant et comme un pauvre chien, » ce sont ses expressions. A une certaine époque, il ne voulait pour lui que des occupations infimes et matérielles, le soin des provisions, des achats, des comptes de la communauté. Ce fut en cette qualité d'intendant, qu'il eut à se présenter devant le bailli de Poissy pour répondre à la querelle d'un marchand de moutons. Lemaistre qui tenait à n'être point reconnu, faisait ses achats sous le nom de Drancé. Le bailli n'eut pas plus tôt entendu le marchand Drancé, qu'il lui donna gain de cause : « Monsieur, lui dit-il, vous avez les paroles à votre commandement ; croyez-moi, laissez-là votre commerce et suivez le barreau ; j'ose vous répondre que vous y serez un M. Lemaistre ! »

Lemaistre assista, du fond de sa retraite, à cette agitation de la Fronde où l'on vit « les moindres boutiquiers, selon l'expression de Mme de Motteville, infestés de l'amour du bien public. » Il entendit le bruit de la chute des Stuarts catholiques et put considérer, de loin, le Léviathan qui se levait des dissensions civiles de l'Angleterre, Cromwell, le schisme tout puissant. Cependant Port-Royal s'emplissait de personnes, jadis illustres, qui s'en venaient cacher dans le sein de Dieu la honte de leurs défaites, tristes épaves de l'amour et de l'ambition. Lemaistre ne voulut pas mourir sans avoir fait un pélerinage à Clairvaux, pour y prier sur la tombe de Saint-Bernard. Pourquoi cette dernière prostration aux pieds du saint dont l'éloquente parole, au lieu de se dépenser en plaidoyers, avait régenté l'Eglise, terrassé la philosophie naissante, gardé le dogme et soulevé les populations à la délivrance de la Terre-Sainte ? « Les plaidoyers, écrivait-il à la Mère Agnès dans une de ses dernières lettres, les plaidoyers me reviennent dans l'esprit ; il me semble que j'y ai horriblement offensé Dieu qui m'en a châtié par ma maladie ; mais ce châtiment n'est rien, y ayant plus senti sa miséricorde que sa justice. »

Et cependant, depuis vingt ans qu'il était dans la retraite, il avait fait autre chose que des plaidoyers. Pour ne parler que de ses œuvres écrites, il avait notamment composé, sur l'ordre de ses supérieurs, un traité de *l'aumône chrétienne* (1). De plus, il avait pris part à quelques-unes des plus importantes publications de Port-Royal. Ce qui vaut mieux encore, il avait été l'âme, sinon des querelles théologiques, du moins des vertus et des pénitences de cette célèbre association. Car ce qu'il fallait à l'âme inquiète et vigoureuse de Lemaistre, ce n'était pas des livres, c'était des pratiques et la conquête de la sainteté. Mais Port-

(1) L'Aumône chrétienne ou la tradition de l'Eglise touchant la charité envers les pauvres, recueillie de l'Ecriture sainte et des Saints-Pères ; Paris, chez Durand, 1658, 2 vol. in-12.

Royal, ce refuge de l'opposition religieuse et politique du XVIIe siècle, ne suffisait pas à ses besoins d'activité. Pour la seconde fois, Lemaistre s'était égaré. Dieu l'avait appelé au sacerdoce. Il se trouvait dans un champ-clos de vaines résistances, dans une voie n'aboutissant encore qu'à d'impuissantes protestations.

Antoine Lemaistre était né à Paris, le 2 mai 1608, sur la paroisse de Saint-Méry. Il parut au barreau en juillet 1629. Il s'en éloignait le 16 décembre 1637. Il s'éteignit dans la retraite le 4 novembre 1658 : « *Et tunc*, disait-on au moyen-âge, *tunc desinit mori et incipit vivere* ; alors il cessa de mourir et il commença de vivre. »

La communauté de Port-Royal vit dans cette perte « un plus grand malheur que tout ce dont elle était menacée. » L'académicien Gomberville qui semble avoir choisi Lemaistre pour ses mots, s'écria : « Le grand orateur de la langue française parle maintenant la langue des anges. »

V.

M. de Vallée a traité toute cette étude d'un éminent avocat et d'un chrétien plus mémorable encore, avec une remarquable élévation d'intelligence et de sentiment. Il a su toucher aux diverses questions auxquelles se réfèrent les plaidoyers de Lemaistre, en homme de Palais et surtout en publiciste. L'histoire de l'éloquence placée en tête de l'ouvrage, abonde en aperçus vifs, ingénieux, nouveaux, toujours exprimés en un langage digne du sujet. Mais, à notre sens, ce que l'on doit le plus louer dans ce livre, ce sont les pages, si courtes qu'elles soient, où l'on voit Lemaistre solitaire et pénitent. Pour comprendre ainsi les grandeurs de la vie religieuse, les préoccupations les plus profondes de l'âme humaine, il faut plus que de l'esprit et de l'imagination.

M. de Vallée a écrit son livre en orateur; il a été émouvant; on garde après l'avoir lu, une forte et vive impression de grandeur morale; maints traits éclatants demeurent dans l'esprit; on reporte naturellement sur l'auteur si sympathique au bien, quelque chose du sentiment par lequel on s'attache au personnage représenté. Certes, nous ne sommes nullement tenté de nous plaindre de ce procédé d'exposition qui distingue l'éloquence; toutefois ce procédé a l'inconvénient de ne point se prêter à l'étude intime, discrète, des incidents cachés dans le secret du cœur humain.

Mais si M. de Vallée n'a pas toujours été le confesseur d'Antoine Lemaistre, on doit reconnaître avec plus de justice encore, qu'il a su retrouver et recueillir pour recomposer la figure de ce personnage, les actes, les indices, les traits de caractère auxquels seulement l'histoire accorde son attention. C'est servir la science, les lettres, une noble profession, la gloire d'un pays, que de faire revivre ainsi un de ces hommes qui ont été l'illustration de leur époque et qui doivent demeurer, dans la postérité, des exemples et des modèles. Port-Royal avait trop bien absorbé dans l'ombre et le silence de ses retraites ce jeune et brillant avocat à l'éloquence magistrale. Il n'était pas permis à l'histoire d'accepter le sacrifice volontaire de cette humilité. Antoine Lemaistre a été rendu à la lumière et ramené dans le bruit et le concours des ambitions humaines. Nous ne louerons pas davantage le mérite littéraire de l'œuvre de M. de Vallée; dans cette œuvre, il y a mieux encore qu'un très-heureux début d'orateur-écrivain : c'est la manifestation et l'acte d'une grande et forte passion du bien public. Tout nous y paraît hautement digne de remarque, même l'inquiétude, les écarts, l'ardeur fiévreuse et parfois les affaissements ; l'amour du vrai, du juste, du beau, l'aspiration vers la gloire, le besoin d'action ne possèdent pas suffisamment une âme, lorsqu'ils ne la remplissent pas tout d'abord de trouble, de tristesse, de colère et d'emportement.

FIN

www.ingramcontent.com/pod-product-compliance
Lightning Source LLC
La Vergne TN
LVHW010042230826
846091LV00005B/1834
9782011774231